コピーして使えるいきいき脳トレ遊び③

シニアの クイズ&間違いさがしで楽しく脳トレ

楽しく

脳トレーニング研究会 編

黎明書房

はじめに

　この本は，とんちのきいたクイズや楽しい雑学クイズを集めた脳トレ本です。

　今回は，「間違いさがし」を多く収録しました。

　少し難しいと感じる問題もあるかもしれませんが，脳をたくさん動かして楽しく脳トレをしましょう！

　そして100歳になってもボケずに人生を楽しみましょう！

　施設などでご利用の際は，コピーしてお使いください。

2021年5月

脳トレーニング研究会

目 次

左ページのものと右ページのものでは，5つ違いがあります。それは何でしょう。

漢字，ひらがなで作った判じ絵です。さて，何と読むのでしょう？

① 天気

② 戦゛る

③ 塘塘
　塘塘

④ 物 物

⑤ φび八き

3 あいうえお字つなぎ

例

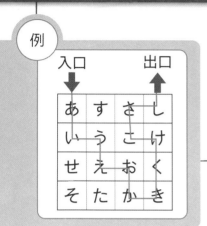

あいうえお順に線をつないで，入口から
出口まで行ってください。線は左右上下し
か進めません。例のように線は，一筆でつ
ないでください。

入口 →

出口 ↑

あ	い	ひ	ふ	へ	に
ま	う	ほ	て	と	な
お	え	ま	つ	ち	み
か	き	く	め	た	そ
ぬ	む	け	こ	す	せ
ね	の	め	さ	し	は

4 おなじみ！街に間違いさがしに行こう

　今日は天気がいいので，ひろ子さんは，街に間違いさがしに行きました。
　さて，どこがおかしいでしょう。

① アイスクリーム　お持ち返りできます

②

メニュー

親子丼 …………… 600 円
カツ丼 …………… 700 円
うな丼 …………… 1000 円

③

無料体験レッスン
第1回：午前 11 時〜
第2回：後午3時〜

REIMEI English

④

⑤

⑥

5 2字かくし

例

ア		リ	

答え

ア	メ	リ	カ

　4文字言葉のうち，2字がかくれています。かくれている文字を入れて4文字言葉を完成させてください。なお，答えがいくつもある場合があります。

　半分出来れば合格です。

①
ウ	グ		

②
ハ			イ

③
タ			タ

④
イ		シ	

⑤
	オ	サ	

⑥
カ		ド	

⑦
ニ		ジ	

⑧
	ラ	ン	

⑨

| ア | | | エ |

⑩

| モ | | | ワ |

⑪

| マ | | ソ | |

⑫

| マ | ナ | | |

⑬

| | マ | | マ |

⑭

| ダ | | コ | |

⑮

| ト | | カ | |

⑯

| デ | | タ | |

⑰

| キ | | ウ | |

⑱

| エ | | | キ |

⑲

| | ウ | | ャ |

⑳

| | | ッ | ケ |

6 コンビニのある風景 間違いさがし

コンビニエンスストアです。周りには畑が広がってます。
右と左では，6つ違いがあります。見つけてください。

7 パンの問題

明治になってから日本人はパンを食べるようになりました。日本独自のパンもでき，今日に至っています。では，問題です。

① パンの主な原料は？

　ア　トウモロコシの粉　　イ　小麦粉　　ウ　米粉

② 日本語のパンはもともと何語？

　ア　英語　　イ　ポルトガル語　　ウ　中国語

③ パンを漢字で書くと？

　ア　麺麭　　イ　巴雲　　ウ　洋餅

④ 食パンの単位1斤とはなに？

　ア　焼き上がった長方形の1本の食パン。
　イ　縦，横，高さが10センチの食パン。
　ウ　350～400グラムのひと塊の食パン。

⑤ フランスパンの一種，クロワッサンはどういう意味？

　ア　黒　　イ　橋　　ウ　三日月

⑥　巻貝のような形をしたコルネ（コロネ）が生まれた国は？

　　ア　日本　　　イ　フランス　　　ウ　イタリア

⑦　４月４日は何のパンの日？

　　ア　食パン　　　イ　餡パン　　　ウ　くるみパン

⑧　サンドイッチの名の由来はサンドイッチ伯爵ですが，どこの国の人？

　　ア　アメリカ　　　イ　スイス　　　ウ　イギリス

⑨　明治33年に発売されたジャムパンに入っていたのは何のジャム？

　　ア　イチゴジャム　　　イ　アンズジャム　　　ウ　リンゴジャム

8 書斎間違いさがし

書斎です。細かいところまでよく見てください。右と左では，6つ違いがあります。見つけてください。

9 履き物さがし

下の5つの履き物の片方が，原っぱにかくされています。それぞれのもう片方を，さがしてください。関係のない履き物も隠れています。

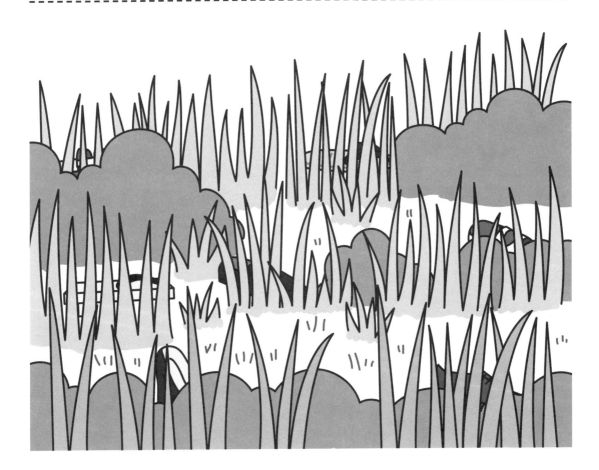

チョコレートをみんなで分ける

ここに同じチョコレートが３枚あります。これを４人で均等に分けるにはどうしたらよいでしょう。色々考えてください。２つ方法を考えられたらベストです。

例

３枚をそれぞれ４等分にして，４人で分ける。

＊包丁で，同じ大きさに簡単に切り分けることができるものとします。

11 一筆書きに挑戦

次の図形は，全部，一筆で書けます。挑戦してください。

①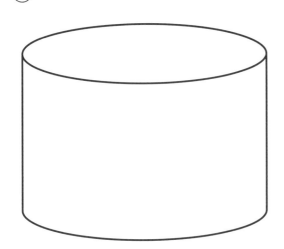

②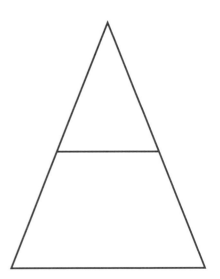

③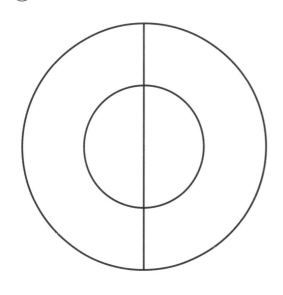

④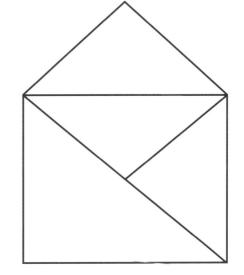

12 サファリパーク 記憶力クイズ

サファリパークに様々な動物たちがいます。この様子を
よく見てください。覚えたと思ったら次のページの問題に
答えてください。

① 2匹の動物が入れ替わっています。いなくなった動物は何ですか。

② 水浴びをしていた動物がいます。どの動物ですか。

13 絵画盗難事件

> どんな推理でもOKです。遠慮はいりません。どんどん推理して事件を解決してください。

　居間に飾ってあったＡさんの大事な絵が，いつのまにかニセモノにすり替えられていたのです。隣に住んでいる絵画コレクターのＢが疑われました。譲ってくれとしつこかったのです。

　Ｂの家が隅から隅まで調べられましたが，みつかりません。しかし，Ｗ警部の目はごまかせませんでした。警部は，壁にかかっていた絵に向かって進みました。そして，見事，盗難にあったＡさんの絵を発見したのです。

　Ｗ警部は，どうして発見できたのでしょう？

そっ

14 この島，何県？

皆さんのよく知っている島です。いったい，どこの都道府県にあるのでしょうか。ア，イ，ウから選んでください。

① 昔，金山があった**佐渡島**（さどがしま）

　ア　新潟県　　イ　秋田県　　ウ　富山県

② 鎌倉時代に後鳥羽院（ごとばのいん）が流された**隠岐島**（おきのしま）

　ア　福井県　　イ　島根県　　ウ　京都府

③ 壺井栄の『二十四の瞳』の舞台で知られる**小豆島**（しょうどしま）

　ア　岡山県　　イ　徳島県　　ウ　香川県

④ 縄文杉という巨大な杉がある**屋久島**（やくしま）

　ア　宮崎県　　イ　鹿児島県　　ウ　和歌山県

⑤ 日本でいちばん南にある**沖ノ鳥島**（おきのとりしま）

　ア　東京都　　イ　大阪府　　ウ　高知県

⑥ 日本で一番西にある**与那国島**（よなぐにじま）

　ア　三重県　　イ　青森県　　ウ　沖縄県

⑦ 宮本武蔵と佐々木小次郎が決闘した**巌流島**（がんりゅうじま）

　ア　山口県　　イ　鳥取県　　ウ　福岡県

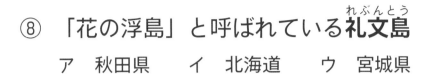

⑧　「花の浮島」と呼ばれている**礼文島**<ruby>れぶんとう</ruby>

　　ア　秋田県　　イ　北海道　　ウ　宮城県

⑨　「海の正倉院」といわれる**沖ノ島**<ruby>おきのしま</ruby>

　　ア　福岡県　　イ　佐賀県　　ウ　長崎県

⑩　朝鮮半島に近い**対馬**<ruby>つしま</ruby>

　　ア　鳥取県　　イ　長崎県　　ウ　富山県

楽しい計算遊び

計算が正しくなるように，□の中に＋か－の記号を入れてください。

$$4 \boxed{+} 1 = 5$$

① $5 \square 3 = 8$

② $7 \square 2 = 5$

③ $11 \square 4 = 7$

④ $4 \square 6 \square 1 = 9$

⑤ $3 \square 9 \square 7 = 5$

⑥ $8 \square 4 \square 2 = 6$

⑦ 9 □ 3 □ 5 = 11

⑧ 10 □ 1 □ 5 = 6

⑨ 18 □ 9 □ 1 = 10

⑩ 2 □ 5 □ 3 □ 6 = 4

⑪ 9 □ 4 □ 8 □ 1 = 14

⑫ 8 □ 7 □ 9 □ 7 = 13

⑬ 9 □ 6 □ 7 □ 6 = 2

下の □ の中の漢字を一回使って，空いているマスをうめてください。

深			■	
	外	■	発	
■		程		■
	行	■		
	■		場	

魚	所	旅	初	銀	到	貨
会	海	表	長	度	達	

17 間違い四字熟語

よく知られた四字熟語です。間違っているのはどっちでしょう。

① 相思相愛 ・ 想思想愛

② 品光方正 ・ 品行方正

③ 携帯電話 ・ 軽帯電話

④ 心気一転 ・ 心機一転

⑤ 快刀乱麻 ・ 快盗乱麻

⑥ 自身喪失 ・ 自信喪失

⑦ 絶体絶命 ・ 絶対絶命

⑧ 疑心暗鬼 ・ 疑真暗鬼

18 間違い二字熟語

字が間違っている二字熟語が5つあります。それはどれでしょう。

① きょうは**気嫌**（きげん）がよいね。

② きみは**成長**（せいちょう）したね。

③ **快敵**（かいてき）なくらしをしよう。

④ **危剣**（きけん）なことをしない。

⑤ **熟慮**（じゅくりょ）しよう。

⑥ モデルルームを**公会**（こうかい）します。

⑦ いろいろ**空想**（くうそう）します。

⑧ **希待**（きたい）しないでいます。

⑨ それは**絶対**（ぜったい）ただしい。

⑩ **納得**（なっとく）する。

19 金の七福神 盗難事件！

> どんな推理でも結構です。遠慮しないでどんどん推理して，難事件を解決してください。

　Ａさんの留守中に床の間に飾ってあった純金の七福神がなくなっていました。家のすべての窓は閉められていました。唯一鍵の掛かる玄関のドアのカギも掛けられていました。密室盗難事件です。

　犯人はどのようにして侵入し，どのようにして逃げたのでしょうか。

山と海と川の間違いさがし

山と海と川のことが書かれています。その内5つは間違いです。さて，間違いは何番でしょう。

①　下流から上流に向かって右側が右岸，左側を左岸という。

②　江戸時代に日本地図を作った伊能忠敬が測った富士山の高さは，3928メートルだった。

③　海と陸とでは，陸の方がだんぜん広い。

④　海にも川のような流れがある。

⑤　南極大陸は，すべて氷でできているため，海に浮かんでいる。

⑥　海には，世界で一番高いエベレスト山（8848メートル）より深いところはない。

⑦　川の水が増水すると，水の下になる橋がある。

⑧　海の水から金の延べ棒を作ることができる。

⑨　世界一長い川はアマゾン川である。

⑩　標高3メートルのれっきとした山がある。

乗客の人数は？

読解力と計算力の問題です。

　３両編成の電車から，乗客が乗り降りしています。
①　始発の駅では，各号車に２人ずつ乗りました。
②　次の駅では，１号車と３号車に１人ずつ乗りました。
③　その次の駅では，２号車から２人降りました。
④　その次の駅では，３号車に３人乗り，１号車から２
人降りました。

では，次の３つの問題に答えてください。

問題１　始発の駅で，何人乗ったでしょう。

問題２　２号車には，今，何人乗っているでしょう。

問題３　今，全部で何人乗っているでしょう。

22 世界の国々
間違いさがし

世界の国々のことを紹介したものが 10 あります。そのうち，5つは間違いです。どれとどれでしょう。

① イギリスの正式な名前は，「グレートブリテンおよび北アイルランド連合王国」という。

② アメリカは，正式にはアメリカ合州国という。

③ 世界一広い国は，ロシアである。

④ 世界一人口の少ない国は，モナコ公国である。

⑤ ニュージーランドは，羊の数と人の数がほぼ同じである。

⑥ トルコは，ヨーロッパとアジアにまたがっている。

⑦ 世界一大きな島であるグリーンランドは，フランスの領土である。

⑧ スペインは，漢字で書くと西班牙である。

⑨ ベトナムの首都ハノイは，漢字で書くと，河内である。

⑩ 塩湖で名高い死海は，世界で一番高いところにある湖である。

地名を書き間違っているのはどれ？

次の地名で書き間違っているものがあります。それはどこでしょう。5つあります。見つけてください。

① 愛姫県

② 巴里 〔パ リ〕

③ 倫敦 〔ロンドン〕

④ 茨木県

⑤ 大板県

⑥ 入浴 〔ニューヨーク〕

⑦ 秋田県

⑧ 高知県

⑨ 露馬 〔ロー マ〕

⑩ 新潟県

昔は使ったが，今はふつう使わない道具があります。一体何に使う道具か，A，Bから正しい方を選んでください。

① 蓑（みの）

A 藁（わら）でできた雨合羽。

B 藁でできた自分の姿をかくすためのマント。

② 竈（かまど）

A 亀を飼う時に使う穴。

B 上に鍋などを置き，下で薪（まき）を燃やして煮炊きする。土や石で作る。

③ 洗濯板

A 長方形の板に横にギザギザがついており，その上でごしごしと衣類を洗う道具。

B 水の入ったたるに入れた衣類をかき回して洗うための板。

④ 碾き臼（ひきうす）

A 餅の上にころがして薄くひきのばす円筒形の石。

B 2枚の石の円盤で豆などをひいて粉にする道具。

⑤　盥 <ruby>盥<rt>たらい</rt></ruby>

A　水や湯をいれて手足や体を洗う平たい丸いおけ。

B　雨漏りの時，下に置いて，雨水を溜める桶。

⑥　<ruby>火鉢<rt>ひばち</rt></ruby>

A　陶器などでできた鉢に灰を入れ，その上で炭をおこす暖房器具。

B　暖かくして，冬に花を咲かせるための植木鉢。

⑦　<ruby>七輪<rt>しちりん</rt></ruby>

A　煮炊きをする土でできたコンロ。

B　七つの車輪のついた大きな荷物を運ぶ車。

⑧　<ruby>火消し壺<rt>つぼ</rt></ruby>

A　昔，火消しが使った大きな壺。ここに水を入れて火事場に運んで火を消した。

B　燃えさしの炭や<ruby>薪<rt>まき</rt></ruby>などを入れて<ruby>蓋<rt>ふた</rt></ruby>をし，火を完全に消す道具。これで消し炭も作れる。

⑨　<ruby>銭枡<rt>ぜにます</rt></ruby>

A　昔，正月に硬貨を山盛りに入れて，商売繁盛を願った枡。

B　いくつもの枡で仕切られた取って付きの平たい板。その枡に硬貨を入れてお金を数える道具。

25 都道府県間違いさがし

日本の都道府県のことをいった問題が9つあります。そのうち間違いが4つあります。見つけてください。

① 三重県の県庁の所在地は，世界で一番短い地名である。

② 秋田県には，日本で二番目に広い湖がある。

③ 世界最大級のカルデラを持つ阿蘇山は熊本県にある。

④ 北海道には，3000メートル以上の山はない。

⑤ 国宝の天守がある犬山城は，岐阜県である。

⑥ 小京都といわれる中村市は，高知県にある。

⑦ 日本三景の一つ天橋立は，京都府である。

⑧ さくらんぼ生産日本一は，静岡県である。

⑨ 滋賀県にある琵琶湖の面積は，
滋賀県の約半分である。

日本史の問題です。4つの中から，正しいものを選んでください。

① 戦国時代の武将ではない人は？

織田信長　　豊臣秀吉　　源頼朝_{みなもとのよりとも}　　徳川家康

② 江戸時代には，なかったお城は？

江戸城　　安土城　　姫路城　　名古屋城

③ 明治維新と関係ない人は？

大久保利通　　伊達政宗_{だてまさむね}　　木戸孝允_{きどたかよし}　　西郷隆盛

④ 芸術の分野が違う人は？

葛飾北斎_{かつしかほくさい}　　松尾芭蕉　　小林一茶　　与謝蕪村_{よさぶそん}

⑤ 外国へ行ったことのある人は？

清少納言_{せいしょうなごん}　　弘法大師_{こうぼうだいし}　　水戸黄門　　聖徳太子

⑥ 外国へ行ったことのない人は？

夏目漱石　　雪舟　　卑弥呼_{ひみこ}　　加納治五郎_{かのうじごろう}

⑦ 汽車に乗ったことのない人は？

福沢諭吉　　勝海舟　　平賀源内　　宮沢賢治

27 二字熟語をつくろう

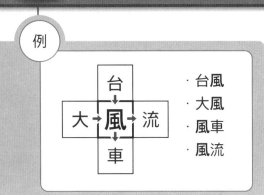

·台風
·大風
·風車
·風流

例のように真ん中に漢字１字を入れて，二字熟語を４つ作ってください。読む方向は，上から下，左から右です。

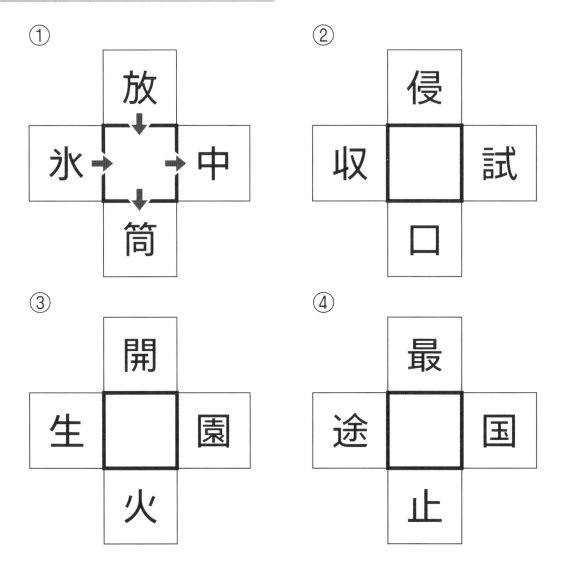

⑤

	青	
晚		雪
	風	

⑥

	塩	
飛		雨
	干	

⑦

	赤	
弟		息
	鹿	

⑧

	七	
雑		原
	餅	

⑨

	唯	
随		番
	度	

⑩

	正	
端		前
	後	

ご存じ！
漢字判じ絵②

不思議な漢字が並んでいます。さあ，どう読むのでしょう。
とんちを働かせて答えてください。

① 庿

② 亘

③ 見

④ 榊

⑤ 苬

⑥ 溴

Ａさんが，奥さんに，散歩がてらに買い物を頼まれました。
次の５つです。

　メモを渡そうした奥さんに，

　「そんなものはいらない！　もう覚えた」

と言って，スーパーマーケットにでかけて行きました。

　途中で友達のＢさんにばったり会い，明日の天気のことを楽しく話しました。

　スーパーマーケットに着いたのは，そんなわけで，家を出てから１時間後でした。

　（では，裏のページの問題に答えてください）

それでは，次の３つの問題に答えてください。

問題1　途中であったＢさんと何の話をしたのでしょう。

問題2　Ａさんは，スーパーマーケットに着くのに何時間かかったのでしょう。

問題3　Ａさんが奥さんから頼まれたのは，次のどれだったでしょう。Ａさんの代わりに買い物をしてください。

＊ヒント：全部で5品です。

ニンジン　歯ブラシ　納豆　ミカン
除菌スプレー　豆腐　みそ　大根
しょうゆ　せっけん　マスク　大葉

定番クイズ！読めるかな？

あまり漢字で書かない言葉が並んでいます。さあ，どう読みますか。

① 噤む

（ア　おしむ　　イ　かむ　　ウ　つぐむ）

② 慌てる

（ア　あわてる　　イ　おだてる　　ウ　すてる）

③ 雪ぐ

（ア　ゆきぐ　　イ　そそぐ　　ウ　しのぐ）

④ 零れる

（ア　こぼれる　　イ　くずれる　　ウ　ぬれる）

⑤ 狼狽える

（ア　ほえる　　イ　うろたえる　　ウ　みちがえる）

⑥ 蹌踉めく

（ア　いろめく　　イ　きらめく　　ウ　よろめく）

お天気間違いさがし

天気の問題が 10 あります。その内，5 つが間違いです。
それは，何番でしょう。

① 気温を測るようになって，日本国内で一番寒かったのは，札幌である。

② 戦後は一時，台風に女性の名前を付けた。

③ 天気の記号で ⊗ はあられである。

④ 沖縄県には台風が上陸したことがない。

⑤ 快晴とは，空に雲がまったくない時をいう。

⑥ 乾いた熱い空気が山から吹き降ろすことをフェーン現象というが，これを漢字で書くと風炎現象である。

⑦ 100 メートル高くなるごとに気温は 0.6 度ずつ下がる。

⑧ オーロラは日本では見られない。

⑨ 三重県には，「風伝おろし」という霧が山から流れ落ちる現象がある。

⑩ 五月雨（さみだれ）は五月のゴールデンウイークに降る雨である。

32 本州にない市は？

日本には4つの大きな島があります。一番大きな島は，本州です。次は北海道です。その次は九州です。一番小さいのは四国です。では，問題です。

① 次の4つの市で，本州にない市はどこでしょう？

北名古屋　　北広島　　西東京　　東大坂

② 次の4つの市で，四国にない市はどこでしょう？

高知　　高松　　東松山　　東温

③ 次の4つの市で，九州にない市はどこでしょう？

宮崎　　大牟田　　東久留米市　　福岡

④ 次の4つの市で，北海道にない市はどこでしょう？

釧路　　別府　　札幌　　登別

⑤ 次の4つの市で，本州，北海道，九州，四国の島にない市はどこでしょう？

西之表　　北上　　南国　　北斗

逆さピラミッド，もじもじ間違いさがし

ピラミッドのひっくり返った形に文字が積まれています。
一つだけ違った文字があります。みつけてください。

①

大大大大大大大大大大
大大大大大大大大大
大大大大大大大大
大大大大大大大
大大犬大大大
大大大大大
大大大大
大大大
大大
大

②

未未未未未未未未未未
未未未未未未未未
未未未未未未
未未未未
未未
未

③

MMMMMMMMMM
MMMMMMMMM
MMMIVMM
MMM
M

34 評判！トマト言葉をさがそう

「トマト」のように，前から読んでも，後ろから読んでも同じ言葉を，身の回りからさがしましょう。周りを見渡すと意外にあるものです。

① 花がひらくことです。

② 方角の一つです。

③ 国の名前です。

④ 日本の地方の名前です。

⑤ ちいさい動物です。

⑥ 菊の一部です。

⑦ 例にならって，自分でもつくって楽しみましょう。

例：北の滝（**きた の たき**）
　　怒りと理解（**いかり と りかい**）
　　熊を撒く（**くま を まく**）
　＊こんな風にして左右対称にするとつくりやすいです。どんどんつくって楽しみましょう。

クロスワードパズル

タテ，ヨコのヒントに従って，言葉を入れてください。ひとマスに仮名が1字入ります。

☐ のところをつなぐと，家の一部分になります。何でしょう。

タテの鍵

2　大きなお寺の建物。

3　砂漠などで，遠くの景色が浮き上がってみえること。

4　小さなよく働く虫。多くは黒い。

6　親分。

7　1年で一番昼間が長い日。

8　東南アジアの仏教国。

ヨコの鍵

1　西の反対。

5　柔道などで自由に技をかけ合い練習すること。

7　実際のお金。

9　化け物。

時計を描こう

時計の文字盤があります。短い針と長い針を描いて，①，②，③，④の問題の時刻を示してください。

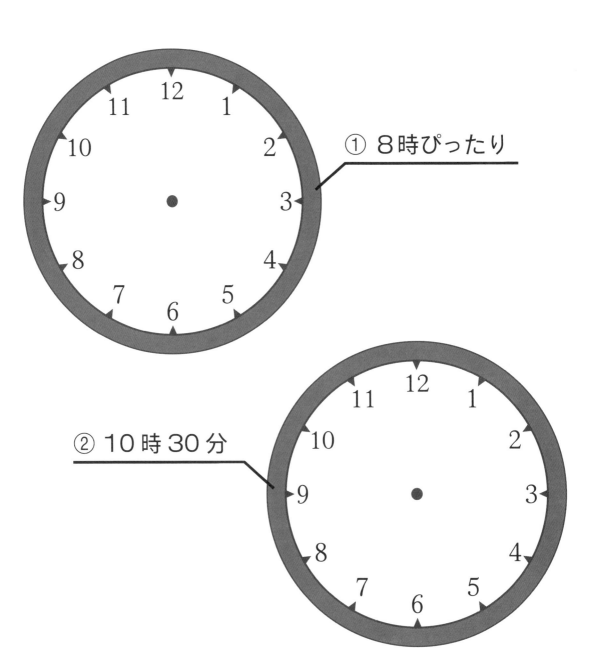

① 8時ぴったり

② 10時30分

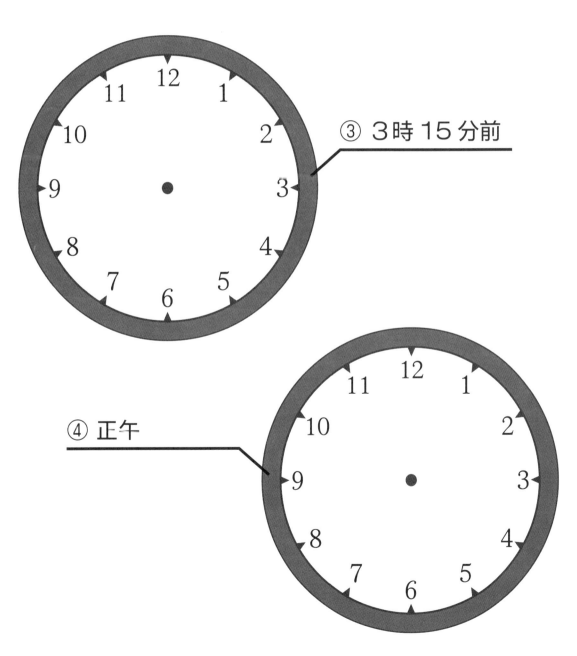

③ 3 時 15 分前

④ 正午

この電話番号，どこの番号？

例

○○−3387
↓
答：耳鼻科（みみはな）

携帯電話がなかったとき，電話番号は語呂合わせと連想で覚えたものです。では，次の電話番号はどこの電話番号でしょうか。局番は○○で示してあります。数字の部分で考えてください。

① ○○−8008

② ○○−8888　　＊痛くなったら

③ ○○−8787　　＊ヒント：きれい

④ ○○−3003

⑤ ○○−9908

⑥ ○○−9494　　＊ヒント：食べ物

⑦ ○○−4129

⑧ ○○−1010

ふくめんざん
覆面算を楽しもう

例

$$
\begin{array}{r}
ユリ \\
+ラン \\
\hline
バラ
\end{array}
\quad\Rightarrow\quad
\begin{array}{r}
21 \\
+43 \\
\hline
64
\end{array}
$$

文字の足し算を，例にならって普通の数字に直してください。同じ文字が同じ数字になります。このような計算を，覆面算といいます。答えは，いくつもあります。

①

$$
\begin{array}{r}
クル \\
+クル \\
\hline
マワル
\end{array}
$$

②

$$
\begin{array}{r}
ハナ \\
+ハル \\
\hline
チル
\end{array}
$$

③

$$
\begin{array}{r}
ミチ \\
+マチ \\
\hline
チズ
\end{array}
$$

④

$$
\begin{array}{r}
イチゴ \\
+アカイ \\
\hline
ゴウカ
\end{array}
$$

旅行の様子が書かれています。しかし，1箇所だけ，明らかに違う地方，国のことが書かれているようです。間違いを見つけてください。

① Aさんは休日，名古屋から東京へ旅行に行きました。

浅草のお寺を参拝した後，東京スカイツリーに登りました。観光を楽しんだAさんは，ホテルに戻り，東京名物の明太子を食べながら，お酒を楽しみ床につきました。

② Bさんは夏休みを使って，ロシアへ旅行に行きました。

ロシアでは，名物のボルシチを食べ，モスクワにある世界遺産，エッフェル塔を見学し，大満足の旅行でした。

帰りの空港では，日本にいるAさんのお土産に，400ルーブルのマトリョーシカを買って，帰路につきました。

40 A にあって、B にないものは？

A のグループにはあるものが、B のグループにはありません。それは一体何でしょうか。名前をよく見比べて考えてみましょう。

A	B
ゴリラ 	うさぎ 
ウォンバット 	カピバラ 
キャンドル	ろうそく 
えんぴつ 	けしゴム 

解答

1 日用品，間違いさがし 6

2 ご存じ！ 漢字判じ絵 8

①でんき　②ごねる　③つくし　④にもつ　⑤ななころびやおき

3 あいうえお字つなぎ 9

4 おなじみ！ 街に間違いさがしに行こう 10

①お持ち返り→お持ち帰り　②井→丼　③後午→午後　④心読→必読
⑤横金→黄金，貝取→買取，お特→お得　⑥地下鈇→地下鉄

5 2字かくし 12

①ウグイス　②ハクサイ　③タナバタ　④イノシシ　⑤オオサカ　⑥カツドン
⑦ニンジン　⑧ブランコ　⑨アマビエ　⑩モスクワ　⑪マラソン　⑫マナイタ
⑬シマウマ　⑭ダイコン　⑮トナカイ　⑯デンタク　⑰キュウリ　⑱エリマキ
⑲フウシャ　⑳コロッケ

6 コンビニのある風景間違いさがし 14

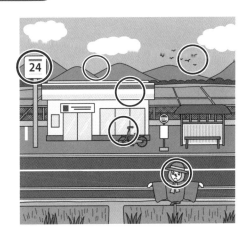

7 パンの問題 16

①イ　②イ　③ア
④ウ（包装食パンの表示に関する公正競争規約により，1斤は340グラム以上と決まっています）　⑤ウ　⑥ア（コルネは角，角笛というフランス語です）
⑦イ（明治天皇に桜の花の塩漬けを載せた餡パンを，山岡鉄舟が献上した日。製造者，木村屋は宮内庁御用達になりました）
⑧ウ（18世紀のゲーム好きの第4代サンドイッチ伯爵によるとされています）
⑨イ（ジャムパンを発明したのは木村屋の三代目。初代が餡パンを発明）

8　書斎間違いさがし 18

9　履き物さがし 20

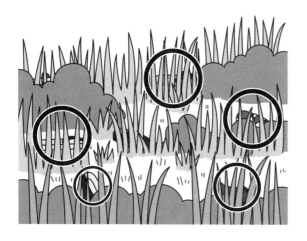 

10　チョコレートをみんなで分ける 21

例①　2枚をそれぞれ半分にし，残り1枚を4等分にして，4人でわける。

例②　3枚をなべで溶かし，1枚にしてそれを4つに切り分ける。

11　一筆書きに挑戦 22

  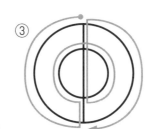 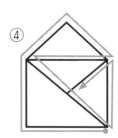

12 サファリパーク記憶力クイズ 23

①イノシシ，ラクダ　②ゾウ

13 絵画盗難事件 25

解答例：盗まれた絵が逆さまに掛けられていたのを，W警部は見抜いたのです。ニセモノをよく調べたら，少し修正されていたそうです。自分の家に飾ってある本物を発見しにくくするためです。

14 この島，何県？ 26

①ア　②イ　③ウ　④イ　⑤ア　⑥ウ　⑦ア　⑧イ　⑨ア　⑩イ

15 楽しい計算遊び 28

①＋　②−　③−　④＋，−　⑤＋，−　⑥−，＋　⑦−，＋　⑧＋，−
⑨−，＋　⑩＋，＋，−　⑪−，＋，＋　⑫＋，−，＋　⑬＋，−，−

16 漢字クロスワードパズル 30

深	海	魚	■	到
度	外	■	発	達
■	旅	程	表	■
銀	行	■	会	長
貨	■	初	場	所

17　間違い四字熟語　31

①想思想愛　②品光方正　③軽帯電話　④心気一転
⑤快盗乱麻（快刀乱麻：解けない問題をあざやかに解決すること）
⑥自身喪失　⑦絶対絶命　⑧疑真暗鬼

18　間違い二字熟語　32

①機嫌　③快適　④危険　⑥公開　⑧期待　＊正しい文字を示しました。

19　金の七福神盗難事件！　33

解答例：犯人は，玄関のドアが開いていたので，そこから入り，勝手知ったるＡさんの家の床の間の純金の七福神を盗みました。そして，玄関の下駄箱の上に置いてあった玄関のドアのカギで，外からドアに鍵を掛けて逃走しました。犯人は，すぐ逮捕されました。Ａさんにお金を借りていた友人Ｂでした。彼は，不運にも，現場に，免許証を落としていったのです。

20　山と海と川の間違いさがし　34

①上流から下流を見て右岸左岸。　③海：3億6000万 km^2，陸：1億4700万 km^2　⑤岩盤の上に氷が乗っている。　⑥チャレンジャー海淵：10984 m
⑨ナイル川（6690km）が世界一位の長さ。（アマゾン川は6300km。流域面積は世界一位）　＊⑩宮城県仙台市の日和山。

21　乗客の人数は？　35

①6人（2人×3両）　②0人（2−2）　③7人（6＋2−2＋3−2）

22　世界の国々間違いさがし　36

②アメリカ合衆国　④バチカン市国（約825人），モナコ公国（約3896人）。
⑤人口の約6倍の羊がいる（約2720万頭）　⑦デンマーク領
⑩一番低いところにある湖（海面下392m）

23　地名を書き間違っているのはどれ？　37

①愛媛県　④茨城県　⑤大分県　⑥紐育　⑨羅馬　＊正しい文字を示しました。

32 本州にない市は？ 49

①北広島（北海道）　②東松山（埼玉県）　③東久留米（東京都）　④別府（大分県）
⑤西之表（鹿児島県種子島）

33 逆さピラミッド，もじもじ間違いさがし 50

①

大大大大大大大大大大
大大大大大大大大大
大大大大大大大大
大大大大大大大
大大犬大大大
大大大大大
大大大大
大大大
大大
大

②

末末末末末末末末末
末末末末末末末末
末未末末末
末末末末
末末
末

③

MMMMMMMMM
MMMMMMMM
MMMIVMM
MMM
M

34 評判！トマト言葉をさがそう 52

①開花　②南　③スイス　④近畿　⑤子猫　⑥菊の茎　⑦ミルクとくるみ　など

35 クロスワードパズル 53

□の言葉は，ゲンカン（玄関）

¹ヒ	²ガ	³シ		⁴ア
	⁵ラ	ン	⁶ド	リ
⁷ゲ	ン	キ	ン	
シ		ロ		⁸タ
	⁹ヨ	ウ	カ	イ

36 時計を描こう　54

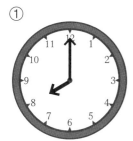  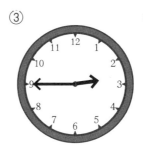 

37 この電話番号，どこの番号？　56

①八百屋（800と8（ヤ））　②歯医者（8（ハ）がいっぱい）

③花屋（87でハナ）　④眼鏡屋（3が耳に００がメガネにみえる）

⑤靴屋（99でクツ）　⑥串カツ屋（94でクシ）　⑦肉屋（4129でヨイニク，もしくはヨイフクで服屋）　⑧銭湯（1000と10（とお））

38 覆面算を楽しもう　57

①

```
  60
+ 60
─────
 120
```

②

```
  30
+ 34
─────
  64
```

③

```
  34
+ 14
─────
  48
```

④

```
 345
+183
─────
 528
```

39 旅行間違いさがし　58

①明太子（一般的に福岡名物とされる）

②エッフェル塔（フランスにある。モスクワにある世界遺産はクレムリン）

40 Aにあって，Bにないものは？　59

Aのグループにはお金の単位が隠れている。

ゴリラ（トルコ），ウォンバット（韓国），キャンドル（アメリカ），えんぴつ（日本）。

●編者紹介

脳トレーニング研究会

　知的好奇心を満たし，知的教養を高めるクイズ，脳トレーニング効果のある楽しいクイズを日夜，研究・開発している研究会。
　おもな著書
『シニアのクイズ＆パズルで楽しく脳トレ』
『バラエティクイズ＆ぬり絵で脳トレーニング』
『シニアのための記憶力遊び＆とんち・言葉クイズ』
『シニアのための記憶力遊び＆脳トレクイズ』
『シニアのための笑ってできる生活力向上クイズ＆脳トレ遊び』
『シニアの脳を鍛える 教養アップクイズ＆記憶力向上遊び』
『コピーして使えるシニアのとんち判じ絵＆知的おもしろクイズ』
『シニアが毎日楽しくできる週間脳トレ遊び─癒やしのマンダラ付き─』
『シニアの面白脳トレーニング222』
『クイズで覚える日本の二十四節気＆七十二候』
『クイズで覚える難読漢字＆漢字を楽しむ一筆メール』
『コピーして使えるシニアの漢字で脳トレーニング』
『コピーして使えるシニアの脳トレーニング遊び』
『コピーして使えるシニアのクイズ絵＆言葉遊び・記憶遊び』
『コピーして使えるシニアの語彙力＆言葉遊び・漢字クイズ』
『コピーして使えるシニアの漢字トレーニングクイズ』
『コピーして使えるシニアの漢字なぞなぞ＆クイズ』
『コピーして使えるシニアの漢字楽楽トレーニング』
『コピーして使えるシニアの漢字パズル＆脳トレ遊び』
（以上，黎明書房刊）

イラスト：さややん。

シニアのクイズ＆間違いさがしで楽しく脳トレ

2021年7月1日　　初版発行

編　　者	脳トレーニング研究会
発行者	武　馬　久　仁　裕
印　　刷	株　式　会　社　太　洋　社
製　　本	株　式　会　社　太　洋　社

発行所　　　　　　　株式会社　黎　明　書　房

〒460-0002　名古屋市中区丸の内3-6-27　EBS ビル
　　　　☎ 052-962-3045　FAX052-951-9065　振替・00880-1-59001
〒101-0047　東京連絡所・千代田区内神田1-4-9　松苗ビル４階
　　　　　　　　　　　　　　　　　　　　　　☎ 03-3268-3470